Anita Balcke-Küster

Tierisch weise

7 Fabeln über Liebe, Licht und Herzenskraft

Einklang Verlag

Anita Balcke-Küster

Tierisch weise

7 Fabeln über Liebe, Licht und Herzenskraft

Bibliografische Information der Deutschen Nationalbibliothek:

Die Deutsche Nationalbibliothek verzeichnet diese Publikation in der Deutschen Nationalbibliografie; detaillierte bibliografische Daten sind im Internet über http://dnb.dnb.de abrufbar.

Einklang Verlag
Illustration: Johanne Päper

Covergestaltung: Andreas Reiberg
Fotos: Anita Balcke-Küster, ©Anke Kück
Foto Johanne Päper: ©Privat

Printed in Germany

ISBN: 978-3-9817092-1-6

Inhalt:

Vorwort:

Ich bin ein Mensch, der immer den Sinn der Dinge und des Lebens hinterfragt. So war dies auch in diesem Fall der Grundstein für dieses Projekt.
Auf die Idee zu diesem Buch kam ich durch meine Familie und alles, was ich in meiner Familie beobachten durfte. Da ich als ganzheitlich arbeitende Osteopathin sowieso mit vielen Menschen und deren Lebensthemen zu tun habe, fragte ich mich auch, mit welchen Lebensthemen sich meine Familie hier auf Erden auseinander setzt.

Da jedes Thema auf Erden immer zwei Gesichter besitzt (eine Sonnenseite und eine Schattenseite), interessierte mich die Frage, welches die zwei Gesichter der Themen meiner Familienmitglieder sind. Und natürlich wie ich ihnen als Mutter oder Frau dabei behilflich sein kann.

Speziell auf die eigenen Kinder bezogen sind diese Fragen so wichtig für uns Erwachsene, denn Kinder sind uns oft ein Spiegel für unsere eigenen Schattenseiten. Kinder sind aber gleichzeitig dem Ursprünglichen und somit der Weisheit so nah und bringen die Lösungen für vieles gleich mit. Wenn wir die Botschaften unserer Kinder mehr verstehen würden, sie gleichzeitig in ihrerVollkommenheit und Einzigartigkeit mehr achten würden, wäre das Leben und die Welt um vieles lichtvoller.

Dieses Buch widme ich meiner unglaublich wunderbaren Familie, meinen tollen Kindern und meinem fantastischen Mann und sage Danke für alles, was ich mit ihnen und durch sie lernen durfte.

Mich würde es sehr freuen, wenn Menschen, die mein Buch gelesen haben, mir ein Feedback geben, ihre Meinung äußern, mir sagen (positiv wie negativ), wie sie mein Buch finden.

Daher hier meine E-Mail Adresse: anita.balcke@online.de. Vielen Dank!
PS: Ich habe nämlich noch ganz viele Ideen für weitere Fabeln im Kopf.

Das Drachenkind und die Kraft des Feuers

Es war einmal eine Drachenfamilie: Mama Drache, Papa Drache und vier Drachenkinder. Sie wohnten in einer wunderschönen Landschaft mit grünen Hügeln, wunderschönem weichen Moos, kristallklaren Seen und sehr gemütlichen Wohnhöhlen. Die Drachenfamilie lebte dort mit vielen anderen Drachenfamilien.

Das älteste Kind der Drachenfamilie hob sich durch ein besonders buntes Aussehen von den anderen Kindern ab. Es besaß die schönsten Farben auf seinen Rückenstacheln, einen herrlich goldschimmernden Schwanz und große wunderschöne braune Augen. Noch eine Sache war besonders an dem Drachenkind: Es konnte schon sehr früh großes Feuer spucken.

Es gibt viele Gründe, weshalb Drachen Feuer spucken. Einer davon ist, wenn sie wütend sind. Da jedes Lebewesen Licht und Schatten in sich trägt, besaß auch dieses Drachenkind etwas Schattiges...viel Wut! Dies führte natürlich automatisch zu viel Feuerspuckerei, was das Familienleben nicht immer einfach machte.

Wenn die Drachenmama morgens ihre Kinder aus der Höhle schubsen wollte, damit der Tag beginnen konnte, musste sie sich schon vor dem einen oder anderen Feuerstrahl in Sicherheit bringen. Aber auch bei gemeinsamen Mahlzeiten, Ausflügen oder Unternehmungen aller Art, sowie bei alltäglichen Dingen wie spielen oder einfach nur beisammen sein, konnte auf die Drachenfamilie plötzlich und unerwartet ein Feuerstrahl niedergehen. Anstrengend!

Und so unglücklich die Drachenmama manchmal darüber war, genauso unglücklich war auch das Drachenkind. Es lag abends oft weinend in seinem Drachenbettchen, weil es selbst nicht wusste, warum es so wütend war. Doch noch so viele Tränen am Abend konnten das Feuer nicht löschen. Kaum ging die Sonne auf, und ein neuer Tag brach herein, ergaben sich wieder Momente, in denen das Drachenkind wütend sein Feuer versprühte.

In dieser wunderschönen Landschaft gab es einen besonderen Hügel, den nannten alle: Das Tor zum magischen Reich! Man erzählte, die Landschaft hinter dem Hügel sei eine besondere Welt. Es sollten dort Drachen leben mit besonderen Kräften, man sprach sogar von Zauberkräften.

Es war allen Drachenkindern strengstens verboten, sich weiter als bis zu diesem Hügel von den Höhlen zu entfernen. Als das Drachenkind an einem Tag besonders wütend war, alles um sich herum zerstörte, die Drachenmama es aus lauter Verzweiflung nur noch anschrie, rannte das Drachenkind einfach davon. Es rannte und rannte und rannte von Hügel zu Hügel, ohne zurückzuschauen und ohne zu überlegen, was es tat. Als es sich ein wenig beruhigt hatte und im Tempo innehielt, bemerkte es erst, wo es war. Es hatte das Tor zum magischen Reich durchschritten und befand sich tief in der Anderswelt. Schlagartig bekam es das Drachenkind mit der Angst zu tun, und es begann heftig zu weinen.

Schluchzend lief es weiter und dicke Drachentränen liefen aus den großen, braunen Augen. Da hörte es ein Rascheln in den Bäumen. Erschrocken drehte sich das Drachenkind um. Und, was sah es? Einen großen, wunderschön grünleuchtenden Riesendrachen. Dieser kam mit einem freundlichen Lächeln auf das Drachenkind zu.

"Hallo mein kleiner, trauriger Drache. Dich habe ich ja noch nie hier im magischen Land gesehen. Du brauchst keine Angst vor mir zu haben. Ich bin der grüne Heilungsdrache. Wir haben hier alle verschiedene Farben und verschiedene Zauberkräfte. Mein Grün steht für Heilung. Und da ich eine Sache besonders wichtig finde, nämlich ob andere Lebewesen glücklich sind, interessiert mich besonders ihr Herz. Aber was führt dich zu uns?"

Das Drachenkind erzählte dem grünen Drachen seinen Kummer. Und während es so erzählte, spürte es eine erstaunliche Kraft. Es konnte gar nicht genau sagen, was genau es war, aber in der Nähe des grünen Drachens hatte das Drachenkind das Gefühl, seine ganze Wut würde weniger werden. Und da Wut und Traurigkeit immer zusammengehören (erst ist da die große Wut und danach kommt die Traurigkeit), wurde auch die große Traurigkeit im Drachenkind weniger.

Da sprach der grüne Heilungsdrache: "Du trägst schon sehr lange großen Kummer in deinem kleinen Drachenherzen. Wahrscheinlich schon aus vielen Drachenleben vorher. Ich kann dies so genau spüren, weil ich in die Herzen anderer Lebewesen hineinfühlen kann. Ich habe dir ja schon erzählt, dass mich besonders das Herz eines anderen Lebewesens interessiert. Und jetzt verrate ich dir auch, warum ich grün bin. Grün steht nicht nur für Heilung, sondern es ist auch die Heilungsfarbe für das Herz.

Ich stelle dir nun drei Fragen:

Bist du bereit mich tief in dein Herz voller schmerzlicher Erfahrungen und Erinnerungen fühlen zu lassen?

Bist du bereit Altes loszulassen?

Bist du bereit für Heilung?

Wenn du dazu bereit bist, kann ich dir den Kummer nehmen. Dann wird dein Herz so leicht wie eine Feder und so hell wie die Sonne."

Das besondere Drachenkind musste nicht lange überlegen: Ja, das wollte es! Und so rief es: "Ja, das will ich. Ich bin bereit, alles Alte los zu lassen! Es macht mich nur wütend und traurig und ich möchte glücklich sein...!"

Da geschah das Wunder!

Um den großen, grünen Heilungsdrachen fing es an zu leuchten. Jetzt war nicht nur der Drache grün, sondern alles um ihn herum.

Es war, als würde aus diesem grünen Licht ein Strahl direkt bis in das Herz des Drachenkindes führen.

Das Drachenkind spürte, wie der ganze Kummer aus seinem Herzen über das grüne Licht der Heilung heraus floss. Es schloss die Augen und gab sich ganz diesem zauberhaften Moment hin. Es hatte zum ersten Mal keine Erinnerung an schmerzliche Erfahrungen und fühlte auch keinen Schmerz.

Das Herz fühlte sich leicht und hell an. Wie der Heilungsdrache es vorher gesagt hatte. Viel zu sehr hatte das Drachenkind sich von den schmerzlichen Erfahrungen lenken lassen, hatte sie von ihm Besitz ergreifen lassen. Wie schön fühlte es sich jetzt an, alles einfach los zu lassen, es aus dem Herz fließen zu lassen.

Der Heilungsdrache fragte. "Spürst du die Leichtigkeit, die Weite in deinem Herzen und deine neue Freiheit? Dann fühle jetzt in die Qualitäten, die wir leben sollen, für die das Herz zuständig ist. Da wäre Verständnis und Trost für andere und dich selbst, da ist die Liebe für andere und dich selbst, über die du auch erst die Schönheit anderer aber vor allem deine eigene erkennen kannst. Dann kommt da noch die Freundschaft, dass du erkennst, dass alle Lebewesen Brüder und Schwestern sind. Aber auch die Fähigkeit romantisch, zärtlich und wahrhaftig zu sein.

Und dadurch, dass dein Herz jetzt so rein ist, bist du auch bereit allen anderen - aber besonders dir selbst - zu vergeben, und du kehrst zurück in deine eigene Anmut und Erhabenheit. Erhebe deinen Kopf und lebe, was dein Herz dir wirklich sagt. Gleichzeitig darfst du nun die reine Feuerkraft so einsetzen, dass sie andere Menschen beflügeln kann. Mit der Feuerkraft, die wir Drachen hüten, kann alles transformiert werden, was der Heilung und Erkenntnis bedarf. Setze sie in Zukunft weise ein und erkenne das große Geschenk darin."

Dem Drachenkind liefen wieder Tränen aus seinen großen, braunen Augen, aber dieses Mal war es nicht die Trauer, sondern es war tief berührt von dem, was da geschehen war. Alle Dinge, von dem der Heilungsdrache gesprochen hatte, konnte es fühlen. So hatte sich sein Herz noch nie angefühlt.

Der grüne Strahl indessen verblasste, und mit ihm auch der große, grüne Heilungsdrache. Da schoss dem Drachenkind der Gedanke durch den Kopf, wie weit es eigentlich von zuhause weg war. Sofort rannte es los. So schnell es konnte, lief es heimwärts, voller Freude und Sehnsucht nach seiner Familie.

Die Drachenfamilie war schon in großer Sorge um das Drachenkind gewesen, aber als sie es erblickten, weinten und lachten sie gleichzeitig vor Erleichterung. Aus dem besonderen Drachenkind wurde eine besonders glückliche Drachenfrau. Viele sprachen später von bezaubernd, denn seit das Drachenkind im magischen Reich gewesen war, lag ein Zauber über ihm.
Und die Weisheit der Geschicht: Erlöse deinen Kummer, denn er überschattet dein Licht.

Hinweise für Erwachsene:

Erlöse deinen Kummer, denn er überschattet dein Licht.
Das Prinzip ist im Grunde ganz einfach. Wenn zuhause der Mülleimer voll ist, bringen wir ihn hinaus. Spätestens ein nicht so schöner Geruch würde uns darauf hinweisen.

Was aber ist mit unserem Körpermüll?
Wir sind so vielen Emotionen ausgeliefert, ausgesetzt, auch nicht so schönen, und alles hinterlässt einen Eindruck, eine Emotion, eine Spannung.
Aber wo ist der Ausgleich zwischen Anspannung und Entspannung?
Interessiert mich mein Körper überhaupt, oder hat er nur zu funktionieren?

Es gibt heutzutage sehr viele Möglichkeiten, den Körper zu entspannen oder ihn von Müll zu befreien:

- viele verschiedene Yogaarten
- verschiedenste Entspannungsübungen
- Bilderreisen
- Hypnose
- tolle Atemübungen
- Seelenhygiene

- Wellness
- Chakrenarbeit
- Farbtherapien und vieles mehr.

Aber was ist das Wichtige an all diesen großartigen Möglichkeiten?
Wir müssen es auch tun! Das erfordert so etwas wie Disziplin.
Wir leben so oft die Qualität Disziplin, aber meist in genau den falschen Bereichen. Man nimmt sich für so viele Dinge Zeit, gibt Geld aus, aber was ist mit unserem Körper, unserer Seele?

Wir müssen uns einfach mal vor Augen führen, dass der Körper in sehr engem Kontakt zu unserer Seele und unserem Geist steht. Den Begriff: Körper, Geist und Seele gibt es schließlich schon sehr lange. Aber in der heutigen Zeit geht es oft nur um das Funktionieren. Von uns selbst und unserem Körper.
Und wir wundern uns über Zustände der völligen Erschöpfung, Gereiztheit und Unwohlsein?

Also kehren wir zurück in eine gewisse Achtsamkeit uns selbst gegenüber, suchen uns etwas Schönes für unseren Ausgleich und genießen unsere Ausgeglichenheit und das damit verbundene Glücksgefühl.
Und unsere Augen fangen wieder an zu strahlen.

Übung für Erwachsene:

Schließe die Augen und spüre in dich hinein.
Wie fühlt sich dein Körper an?
Wo fühlt er sich angespannt an?
Wenn du dich mit den angespannten Körperstellen verbindest, erhältst du auch eine Botschaft mit welcher Anstrengung aus deinem Leben sie zu tun hat.
Atme zwei, dreimal tief in dein Herz.
Frage deinen Körper nach Kummer, den er noch mit sich herum trägt.
Atme lichtvolle, neue Energie ein und lass beim Ausatmen alles Alte los.
Überlege, wie du deinem Körper etwas Gutes tun kannst. Und tue es!

Das liebenswerte Faultier und die Kunst des genussvollen Abhängens

Es lebte einmal eine Faultierfamilie in ihrer wunderschönen, grünen Welt mit vielen alten Bäumen nahe der Küste. Wie jeder weiß, ist das Besondere an einem Faultier das Nichts-Tun. Nichts-Tun heißt bei Faultieren mit den Füßen nach oben in Bäumen zu hängen. Und wenn sie dann mal etwas tun, dann mit ganz, ganz viel Ruhe, denn sie sind ja so unendlich entspannt.

In dieser Faultierfamilie - sie bestand aus den Eltern mit ihren vier Kindern - gab es ein Kind, welches ganz besonders entspannt war. Es erledigte zwar auch die für ihn wichtigen Dinge, wie zum Beispiel essen (Getreidehonigbällchen mit Milch), sich im Meer ganz in der Nähe zu erfrischen oder mit Freunden "abzuhängen". Dabei legte es jedoch eine noch größere Ruhe an den Tag, als es für Faultiere sowieso schon üblich ist.

Dies ging so weit, dass es das Faultier sogar schaffte, seine total entspannten Eltern aus der Ruhe zu bringen. Sie waren der Meinung, ein bisschen zusätzliche Aktion, außer essen, säubern und Spaß haben, könnte auch einem noch so entspannten Faultier nicht schaden. Aber immer, wenn das Faultierkind etwas erledigte hatte, fiel es in einen tiefen Schlaf, aus dem ihn auch keiner wecken konnte.

Das Besondere an dem Faultierkind war jedoch sein Gesichtsausdruck: So liebenswert und sorgenfrei - absolut nichts auf der Welt konnte es stressen! Es lebte in seiner eigenen, super entspannten Welt. Eines Tages machte die Nachricht von einem Neuankömmling die Runde. Es sollte ein Faultier zu ihnen in die grüne Welt ausgesetzt werden, welches einige Jahre bei den Menschen in einem Zoo verbracht hatte. Es hieß, das Faultier hätte eine Krankheit, für die Menschen keinen Namen wussten. Und weil das Faultier sich durch die Krankheit total verändert haben sollte, erhofften sich die Menschen jetzt Hilfe durch die Natur. Man dachte, wenn man das Tier dahin zurückbringt, wo es ursprünglich hergekommen ist, würde die seltsame Erkrankung von alleine verschwinden.

So kam der Tag, an dem die Faultiere einen Hubschrauber hörten. Sie beobachteten, wie Menschen eine Kiste unter einen großen Baum abstellten und dann ihre Welt wieder verließen. Da die Menschen an der Kiste eine Klappe offen gelassen hatten, waren jetzt alle Faultierfamilien aus der grünen Welt sehr gespannt, was als nächstes passieren würde.

Sie mussten auch nicht lange warten, da schaute auch schon ein Faultierkopf aus der Kiste. Jetzt rechneten natürlich alle Faultiere damit, dass der Neuankömmling langsam aus der Kiste kriechen würde.

Doch was war das? Der Neuankömmling schoss in einer für Faultiere beachtlichen Geschwindigkeit los und rannte erst einmal wild durch die Gegend, um sie zu erkunden. Jedes Mal, wenn er einen Artgenossen traf, hielt er kurz inne, schaute den Artgenossen von oben bis unten an und sprach dann zu ihm. "Hey, du hast ja eine dicke Nase. Dick Nase. Dick Nase!" Zum nächsten: "Deine Beine sind ja ganz krumm. Krummbein. Krummbein!"

Ein anderes Faultier musste sich anhören, was es für große Ohren hätte und das nächste, wie dick es war. Bei jedem Faultier fand der Neuankömmling Dinge zum Nörgeln. Das war etwas ganz Neues für die Faultiere aus der grünen Welt, denn bisher hatte jeder jeden so gut gefunden, wie er eben war. Sie hatten sich gar keine Gedanken darüber gemacht, wenn einer anders aussah, als der andere. Sie fragten sich, ob das wohl ein Teil dieser komischen Erkrankung sei. Aber das war noch lange nicht alles, was der Neuankömmling zu bieten hatte. Mit der Schnelligkeit, die übrigens für die anderen Faultiere sehr stressig war, hatten sie sich ja schon abgefunden. An dem Meckern konnten sie auch nichts ändern.

Aber das der Neuankömmling so gut wie nie ruhte, das wurde zu einem richtigen Problem. Denn immer wenn alle anderen ruhen wollten, kam der Neuankömmling und fragte: „Habt ihr denn nichts zu tun? Ihr könnt doch nicht nur faul am Baum hängen, ihr verschlaft ja euer ganzes Leben. Habt ihr keine Arbeit oder etwas Wichtiges zu erledigen?

So werden aus euch keine erfolgreichen Faultiere. Ihr wollt es doch einmal zu etwas bringen, oder? Und überhaupt, ihr habt gar keine Pläne, ihr wisst noch nicht mal, was ihr am nächsten Tag vorhabt. Ihr redet nie von der Zukunft, man muss sich doch über seine Zukunft Gedanken machen."

So ging es in einer Tour - den Faultierfamilien drehte sich nur noch der Kopf. Sie fanden einfach keine Ruhe mehr. So konnte es nicht weitergehen. Sie riefen alle Faultiere zu einer Konferenz zusammen, auch den Neuankömmling. Der Faultierälteste schilderte die Situation. Keiner konnte sich erklären, was mit dem Neuankömmling bei den Menschen passiert war.

Sie suchten nach einer Erklärung dieses merkwürdigen Verhaltens. Der Faultierälteste bat den Neuankömmling aus der Zeit bei den Menschen zu berichten, vielleicht lag dort die Erklärung. Dies tat der Neuankömmling dann auch.

Er erzählte von Menschen im Zoo, die so schnell von Käfig zu Käfig gelaufen waren, als wären sie vor etwas auf der Flucht gewesen. Andere Menschen standen vor seinem Gehege, aber schauten nicht ihn an, sondern nur die Menschen neben sich. Und dann fingen sie an, über sie zu reden. Aber nicht im Guten, sondern sie suchten nur nach Dingen, über die sie sich lustig machen konnten.

Wie die Menschen aussahen, was sie trugen, wie sie sich benahmen. Dabei wollte das Faultierjunge ihnen doch nur zeigen, was für ein hübsches Tier es war, doch das interessierte die Menschen gar nicht. Auch schienen sie mit ihren Gedanken manchmal ganz woanders zu sein. Und wenn sich Menschen, die sich kannten, zufällig vor seinem Käfig trafen, wurden ganz seltsame Gespräche geführt. Auf die Frage, „wie geht es dir“, hörte er keine spannenden Antworten, sondern nur ein langweiliges: „Gut! Und Dir?“ „Auch gut!“.

Wenn ihn jemand fragen würde, hätte er viel mehr zu erzählen gehabt. Aber am meisten irritieren ihn die Fragen: „Mensch, und was machst du so, was ist aus dir geworden?“ Oder: „Was hast du in deinem Leben noch so vor? Wie sind deine Pläne?“ Er verstand die Menschen nicht. Wieso musste man immer etwas sein? Oder musste heute wissen, was man in der Zukunft tun möchte?

Als sie dem Neuankömmling lange zugehört hatten, wurden alle ganz betroffen und still. Ihnen wurde jetzt klar, dass es sich bei dem seltsamen Verhalten des Neuankömmlings um gar keine Erkrankung handelte, sondern dass er sich aus Einsamkeit und Langeweile im Zoo einen Zeitvertreib gesucht hatte. Er hatte im Zoo damit begonnen, die Menschen zu beobachten und ihren Gesprächen zu lauschen. Aber er hatte sie nicht nur beobachtet und ihnen zugehört, sondern auch angefangen, sie nachzu"äffen".

Dies hatte er bei seinen Zoonachbarn den Affen abgeschaut, die dadurch immer viel Spaß gehabt hatten. Doch irgendwann war aus dem spaßigen Spiel Ernst geworden, denn der Neuankömmling hatte irgendwann festgestellt, dass er mit diesem Spiel gar nicht mehr aufhören konnte. Er fand einfach nicht mehr in seine ursprüngliche Ruhe und Gelassenheit zurück.

Den Faultieren wurde nun so einiges klar. Die Menschen hatten natürlich keine Idee gehabt, was mit dem Faultier im Zoo passiert war, weil sie selbst der Grund für die Veränderung gewesen waren. Um etwas ändern zu können, hätten sie sich ja selbst ändern müssen. Und dazu hätten sie zu viele Dinge anders machen müssen: Sie hätten erkennen müssen, dass sie nicht nur arbeiten, sondern auch mal entspannen müssen. Nicht nur Geldverdienen und den Erfolg sehen, sondern auch lernen, mit weniger glücklich zu sein – zum Beispiel mit sich selbst. Keine Zukunftspläne zu schmieden, sondern im Hier und Jetzt zu leben.

Keine Erwartungen an andere zu haben, um dann enttäuscht zu sein, sondern sich an die eigene Nase zu fassen. Aufhören, andere zu beurteilen, sondern jeden so sein zu lassen, wie er ist und in ihm Gutes zu sehen. Keinen Stress zu machen, sondern die Kraft aus der Ruhe zu ziehen und dem Leben zu vertrauen. Und vieles, vieles mehr.

Doch diese Erkenntnis nutzte dem Neuankömmling nicht viel, denn er brauchte jetzt Hilfe, um sein ursprüngliches Wesen zurückzuerlangen. Da halfen keine Worte, sondern es musste andere Hilfe her. Der Blick aller Faultiere fiel auf ihr besonders entspanntes Faultier.

Der Faultierälteste sprach zu dem Faultierkind: „Bitte liebes Faultierkind, du besitzt die größte innere Ruhe und Gelassenheit. Nimm den Neuankömmling mit zu deinem Baum und lass ihn immer in deiner Nähe sein. Nur über das Fühlen deiner so tiefen inneren Entspannung und deines Urvertrauens zum Leben werden wir dem Neuankömmling wirklich helfen können.
Seine Handlungen kommen nur noch aus seinem Kopf, er hat die Verbindung zu sich selbst verloren. Der Neuankömmling muss wieder spüren, wie es sich anfühlt, ein echtes Faultier zu sein."

So geschah es dann auch. Das Faultierkind und der Neuankömmling verbrachten Tag für Tag miteinander, aßen zusammen Honigbällchen, erfrischten sich gemeinsam im Meer und hingen nebeneinander im Baum. Mit jeder Minute, die verstrich, nahm der Neuankömmling die Veränderung wahr, die mit ihm geschah.

Wie aus Anspannung in seinem Körper wieder Entspannung wurde. Oh wie wunderbar und frei fühlte es sich an, dass dieses Durcheinander in seinem Kopf sich beruhigte. Der Kopf ihm nicht ständig vorgab, welche Worte aus seinem Mund kommen sollten, die ihn und andere nur stressten.

Nach ein paar Wochen war der Neuankömmling wieder ein völlig entspanntes Faultier und das Faultierkind um eine Erfahrung reicher. Es hatte gelernt, wie wunderbar es war, ein Faultier zu sein. Und dass die Gaben, die man besitzt, wahre himmlische Geschenke sind, die man wie einen Schatz hüten sollte. Denn dieser Schatz ist der wahre Reichtum des Lebens.

Und so ist die Weisheit der Geschicht:
Erkenne deine Gaben, denn sie führen dich ins Licht.

Hinweise für Erwachsene:

Kommen wir noch einmal auf den eigenen Seelenplan zurück. Zu dem eigenen Seelenplan gehört auch, die für einen bestimmten Qualitäten oder Gaben zu leben, die der Himmel für einen vorgesehen hat. Aber auch da ist es so, dass einem der eigene Familienweg oder die Gesellschaft gerne einen anderen Weg

vorgibt, der entweder von anderen für besser erklärt wird, bequemer ist, mehr ins gesellschaftliche Bild passt, mehr Geld einbringt oder, oder, oder.
Aber es geht in Wahrheit darum zu klären, was steckt eigentlich in mir.
Wobei fühle ich mich wohl?
Was öffnet mir beim Ausüben von Tätigkeiten das Herz?
Wobei denke ich: Das könnte ich stundenlang machen, ohne dass ich das Gefühl bekomme, der Akku ist gleich leer?
Was raubt mir nicht die Kraft, sondern gibt mir welche?
Dabei meine ich nicht großartige Talente, wenn ich von Qualitäten spreche, sondern Eigenschaften, die in den Menschen angelegt sind. So wie:
Aufrichtigkeit, Hoffnung, Achtsamkeit, Klarheit, Gerechtigkeit, Disziplin, Selbstbewusstsein, Zielstrebigkeit, Konzentration, Gelassenheit, Loslassen, Verspieltheit, Würde und Verbundenheit.

Und auch Vertrauen, Offenheit, Leichtigkeit, Kreativität, Annahme, Einfachheit, Inspiration, Güte, Weisheit, Geduld, Geben, Zuversicht, Abenteuerlust, Begeisterung, Flexibilität, Stärke, Kommunikation und Tüchtigkeit.
Aber auch Bereitschaft, Empfänglichkeit, Humor, Mitgefühl, Körperbewusstsein, Glaubenskraft, Barmherzigkeit, Hingabe, Gnade, Freiheit, Vergebung, Reinheit, Anmut, Verständnis, Wahrhaftigkeit, Zärtlichkeit, Romantik, Freundschaft, Liebe, Trost, Loyalität/Treue, Verantwortung, Mut, Selbstliebe, Dankbarkeit, Dienen, Freude/Glückseligkeit und Demut.

Übung für Erwachsene:

Ich schließe die Augen und spüre in mich hinein.
Welche Qualitäten stecken in mir?
Welche Qualitäten stecken in mir, aber lebe ich nicht?
Welche Qualitäten haben beim Durchlesen der Wörter mein Herz schmerzlich berührt?
Welche Qualitäten bekomme ich von meinen Kindern, Familienmitgliedern, Freunden gespiegelt, die ich mehr leben sollte?
So könnte ich mich morgens fragen:
Welche Qualität nehme ich mir für heute vor, mehr zu leben? Und es dann auch tun!

Das Äffchen mit dem großen Herzen!

Es lebte ein kleines Äffchen mit seinem Affenstamm in einem wunderschönen Tal mit alten, großen Bäumen. In diesen Bäumen konnten die Affen herrlich herumklettern und sich von Ast zu Ast schwingen.

Es gab in dem Stamm ein Äffchen, welches sehr klein und zierlich war, doch im Klettern war es dafür das Größte. Kein anderes Äffchen konnte so schnell und sicher einen Baum erklimmen und in der Baumkrone hohe und gewagte Sprünge vollbringen.

Deshalb war der Affenstamm auch sehr stolz auf sein kleines Äffchen. Dieses Äffchen hatte noch eine Besonderheit. Es besaß ein sehr großes Herz. Durch dieses große Herz fühlte es viele wunderbare Dinge:

Mitgefühl mit den anderen Affen, große Liebe zu seinem Stamm, Fröhlichkeit, Unbeschwertheit und große Abenteuerlust.

Doch wo Licht ist, ist auch Schatten und dieser äußerte sich bei dem Äffchen in einem sehr starken Ego. Wenn es einmal nicht mit dem Herzen fühlte, sondern mit seinem Ego verbunden war, wurde das Äffchen sehr, sehr bockig und machte nur noch das, was es selbst wollte. Egal, ob dies dann für die anderen gut oder schlecht war, das Äffchen sah dann nur noch sich selbst.

Eines Tages gelangte eine furchtbare Nachricht in das wunderschöne Tal: Die alten, großen Bäume sollten gefällt und verkauft werden. Alle Affen fielen augenblicklich in einen Schockzustand. Keiner konnte etwas sagen und es wurde ganz still im Tal. Etwas für die Affen bis dahin Unvorstellbares sollte passieren. Sie würden ihre Bäume verlieren!
Darüber hatten sie sich noch niemals Gedanken gemacht, weil sie so sehr eins mit ihren Bäumen waren. Kein Affe hatte je eine Sekunde daran gedacht, dass dieser wunderbare Zustand sich je ändern könnte. Da rief der Affenälteste alle Affen zu einer Versammlung herbei und sprach: „Wir müssen etwas unternehmen! Wir dürfen nicht zulassen, dass unsere alten Bäume sterben.

Diese Bäume sind nicht nur unser zu Hause, sie sind unser Leben, unsere Beschützer, unsere Nahrung, unsere Erinnerung an die wundervolle Schöpfung, sie sind unsere Verbindung zum Himmel. Sie sind heilig!

Wenn die Menschen nicht die wahre Bedeutung und Schönheit der Natur erkennen, dann müssen wir es ihnen eben verdeutlichen. Lasst uns unsere Bäume schmücken mit allem, was ihr Wundervolles in der Natur findet. Die Bäume sollen so strahlen, dass die Menschen es nicht wagen, sie zu fällen.

Und du kleines Äffchen, bist für die Baumspitzen verantwortlich. Diese sehen die Menschen als erstes, denn sie kommen über die Berge, die um unser Tal liegen."

Das kleine Äffchen fühlte sich sehr geehrt. Schon am nächsten Tag fingen alle mit ihrer Arbeit an. Doch wo war das kleine Äffchen? Es hatte sich am nächsten Morgen dann doch lieber zum Spielen mit einem anderen Äffchen verabredet. So ging es Tag für Tag; das kleine Äffchen teilte seiner Familie fröhlich mit, es hätte im Moment einfach keine Lust zum Schmücken.

Die anderen fühlten eine große Traurigkeit, denn die Bäume wurden zwar von Tag zu Tag schöner, doch leider nicht die so wichtigen Spitzen. Der Tag, an dem die Menschen mit ihren Maschinen kommen würden, rückte näher und näher. Dann war es tatsächlich so weit. Eine lange Schlange schwerer Fahrzeuge rollte über die Berge Richtung Tal. Alle Affen liefen verzweifelt zum kleinen Äffchen und baten es um Hilfe. Doch das kleine Äffchen interessierte dies alles nicht. Es wollte spielen.

Der Affenälteste besuchte das kleine Äffchen und sprach: „Bitte, bitte liebes kleines Äffchen, versuche wieder eine Verbindung zu deinem so wunderbaren, großen Herzen zu bekommen und mit deinem Herzen zu fühlen. Verbinde dich über dein Herz mit den Bäumen und fühle, wie sie dich als besten Kletterer brauchen. Trete aus deinem Ego heraus und fühle mit deinem ganzen Herzen."

Schon beim Zuhören hatte das kleine Äffchen weniger Bockigkeit verspürt. Und als der Affenälteste seinen Apell beendet hatte, fragte es sich: „Oh lieber Gott, mit was für sinnlosen Dingen habe ich mich die letzten Tage beschäftigt? Wie konnte ich nur dem Schatten in mir so viel Macht geben?"
Sein Magen zog sich zusammen, es fühlte sich elend. Jetzt, wo es die Gefühle wieder zuließ, wurde ihm klar, wie sehr es die anderen vor den Kopf gestoßen hatte. Und noch schlimmer: Sie im Stich gelassen hatte. Wie traurig musste es die anderen Äffchen durch sein Verhalten gemacht haben. Aber es nützte den anderen Äffchen ganz bestimmt nichts, wenn es jetzt nur Trübsal über Vergangenes blasen würde. Jetzt musste es handeln, und zwar schnell, sehr schnell.

Es sprang in Windeseile los und innerhalb weniger Stunden waren alle Bäume bis in die Spitzen wundervoll geschmückt. Die Bäume strahlten bis zu den Bergen, aber was war das? Da war noch ein zusätzlicher Glanz, ein ganz besonderer. Es war das eigene Licht der Bäume, das göttliche, lebensspendende Licht, das allem Lebenden inne wohnt! Denn dies wollten die Bäume den Menschen zeigen. Die Menschen in ihren Baufahrzeugen hätten bereits längst ihr Ziel erreicht, wenn sie nicht auf ihrer Fahrt ins Tal jäh gestoppt worden wären.

Ein Licht, heller als jedes Licht, das sie bisher gesehen hatten, blendete sie so stark, dass sie anhalten mussten und ausgestiegen waren. Dass, was sie sahen, raubte ihnen förmlich den Atem. Bäume, so schön wie in einem Märchen mit einem Glanz, als läge ein Zauber um sie herum, strahlten ihnen vom Tal entgegen.

Jeder einzelne Mann war so tief berührt, dass nichts auf der Welt ihn hätte überreden können, weiterzufahren, um diesen Zauber zu zerstören. Alle waren sich plötzlich einig: Diese Bäume müssen weiterleben!!

Und da sie die einzigen Männer für diesen Job waren, hatten die Bäume auch nichts mehr zu befürchten. Als der Affenstamm sah, wie die Menschen mit ihren Baumaschinen umdrehten und zurückfuhren, brach ein riesiger Freudenjubel aus und noch am selben Abend fand das größte Fest im Tal der schönen Bäume statt, das es je gegeben hatte.

Und die Weisheit der Geschicht: Höre auf dein Ego nicht; denn liebevoll nur dein Herz spricht!

Erklärungen zum EGO

Was ist eigentlich das Ego?

Das Ego ist ein Sammelwerk, ein Gerüst im Menschen, das durch alle emotionalen Erfahrungen entsteht. Alle Erfahrungen sind an Gefühle gekoppelt und werden im Körper gespeichert. Sie bleiben als Erinnerungen, als innere Prägung bestehen.

Ein kleines Kind ist frei von Ego, frei von Prägung, solange, wie man es sich frei entwickeln lässt. Doch der Kontakt zu Erwachsenen, die nicht frei von Prägungen sind, und diese weitergeben, führt automatisch zu ersten Veränderungen im Kind. Es erlebt Situationen, die an Gefühle gekoppelt sind, die nicht immer nur positiv sind. Es entstehen sogenannte Glaubenssätze:
Ich bin brav, dann werde ich geliebt.

Ich befolge Regeln, dann gehöre ich zur Gemeinschaft.
Ich muss genauso denken wie die anderen.
Ich muss erfolgreich sein, dann kann ich mich durchsetzen.
Ich muss etwas tun, um Aufmerksamkeit zu bekommen.
Ich muss immer stark sein, Schwäche macht klein.
Nur wenn ich Geld habe, bin ich machtvoll.

Alle Glaubenssätze entstehen durch unsere Prägungen. Diese Glaubenssätze sind auch ein Schutz für angesammeltes Leid. Vielleicht fragen wir uns in manchen Situationen, „warum reagiere ich jetzt so? Das möchte ich vom Herzen gar nicht, aber etwas in mir steuert mich.“ Ein bestehendes Muster wird durch irgendeinen äußeren Faktor angestossen – etwas, das sich an ungute Erinnerungen andockt - und im Körper reagiert das Erinnerungsvermögen unserer Zellen. Man könnte auch Fremdbestimmung dazu sagen. Dann fallen wir in Löcher, die uns beherrschen, und wir tun uns sehr schwer, diese zu verlassen. Man könnte auch sagen, das Ego beherrscht uns.

Denn Ego ist auch so etwas wie eine Überlebensstrategie, denn sonst wären wir an den Veränderungen und Ereignissen, die als Kind in unser Leben getreten sind, gescheitert. Deswegen ist es so wichtig, uns immer wieder zu überprüfen, ob wir gerade aus dem Ego handeln, oder ob unser Herz zu uns spricht.
Ich verlasse in solchen Situationen bewusst die Fremdbestimmung und kehre zurück in die Selbstbestimmung, in mein wahres Ich, in mein Herz.

Übungen für Erwachsene:

Ich spüre in mir nach: Wie begegne ich meinem Ego oder dem eines Anderen?

Ich tue Dinge, die mich wieder mit meinem Herzen verbinden:

Ich lege meine Hände auf mein Herz und atme tief in mein Herz.

Ich verbinde mich mit etwas, was Licht in die Dunkelheit bringt:
ein schönes Lied,
ein schöner Text,
eine schöne Aktivität mit einer netten Person.

Ich stelle mir ein Bild vor, in dem ich lache oder ich lache den Anderen an.

Ich schnappe mir das bockige Kind und kitzel es.

Ich schüttele mich solange, bis ich mich aus der Ego-Starre frei geschüttelt habe.

Der Idealfall ist jedoch, gar nicht erst auf eine „Egofalle“ zu reagieren.

Das strahlende Licht eines Gepardenjungen

Es war einmal ein wunderschönes Land. Durch dieses Land floss ein breiter Fluss, durch den Tiere und Pflanzen immer frisches Wasser hatten. Alle Tiere und Pflanzen hatten in diesem Land ein prächtiges Leben, und es fehlte ihnen an nichts.

Wenn da nicht eine Geparden Familie gewesen wäre, deren Mama großen Kummer in ihrem Herzen trug. Sie wünschte sich so sehr noch ein viertes Kind - und zwar einen Jungen. Jeden Abend betete sie zu den Lichtern am Himmel, dass eines davon doch bitte zu ihr kommen möge.

Sie glaubte fest daran, dass jedes lebende Wesen eine Seele besaß und diese ein Licht aus dem Himmel sei. Und wie sie wieder eines Abends so hoffend nach oben schaute, bemerkte sie, dass eines der Lichter sich bewegte.
Erst flog es am Himmel nur nach rechts und nach links, danach folgte ein Kreis. Doch was dann geschah, ließ das Herz der Geparden Mama höher schlagen und ihre Augen füllten sich mit Tränen.

Denn aus dem Kreis formte sich nach und nach ein Herz und nachdem das Licht mehrmals das Herz entlang geflogen war, fiel es direkt auf die Erde hinunter - und zwar genau auf die Geparden Mama zu. Diese fiel in diesem Moment in einen tiefen Schlaf. Am nächsten Morgen wusste die Geparden Mama: Ich bekomme ein Baby.

Ein paar Monate später erblickte ein niedliches Geparden Baby das Licht der Welt. Ein Junge! Nun war die kleine Geparden Familie vollzählig. Der kleine Geparden Junge war ein sehr zufriedenes Kind. Er wirkte bei Allem immer sehr glücklich und auch andere Tiere spürten dies in seiner Nähe. Alle erfreuten sich an seinem strahlenden Licht.

Doch der kleine Geparden Junge wurde älter und mit dem Älterwerden kamen, wie dunkle Wolken am Himmel, die Zweifel an sich selbst. Er fing an, sich mit anderen zu vergleichen und urteilte über sich selbst nur noch schlecht. Natürlich versuchte die Familie immer wieder ihm gut zuzureden, aber die guten Worte erreichten den kleinen Geparden Jungen nicht.

Es war Sommer im Land geworden und das alljährliche "Berglauffest" rückte näher. Dieses Fest war für alle Tierkinder des Landes das Highlight des Jahres. Gewinner wurde, wer die Bergspitze als erstes erklommen hatte. Der Gewinner wurde danach im Tal bejubelt und gefeiert. Der kleine Geparden Junge war schon zweimal als Sieger dieses Festes heimgegangen, er konnte unglaublich schnell einen Berg erklimmen.

Doch je näher das Fest rückte, umso ruhiger und zurückgezogener verhielt sich der Geparden Junge. Denn auch in diesem Fall sagte sich der Geparden Junge plötzlich nur noch schlechte Dinge: ‚Ich bin zu schlecht, die anderen Tiere laufen viel schneller als ich. Ich bin nicht gut genug, ich werde sowieso nicht gewinnen...' und noch vieles mehr. Das Fest rückte näher und näher.

Nach langem Einreden auf ihr jüngstes Familienmitglied hatten es die Eltern und Geschwister endlich geschafft. Der kleine Geparden Junge meldete sich zum Berglauffest an. Und dann war es soweit. Der große Tag war da. Punkt 11 Uhr sollte der Lauf beginnen. Alle Tiere liefen schon aufgeregt umher. Die Stimmung war großartig.
Nur einem Teilnehmer sah man die Freude nicht so recht an. Im Gegenteil: Der kleine Geparden Junge lag mit gesenktem Kopf im Schatten eines Steines. Dies bemerkte ein weiterer Teilnehmer, nämlich sein Freund, ein Antilopenjunges. Dieser setzte sich nun auch neben den Stein.

Die Antilope fragte: "Warum liegst du hier im Schatten, das Rennen beginnt doch gleich?"

Der Geparden Junge sagte nur: "Ich werde nicht mehr mitlaufen." Sein Freund erinnerte ihn daran, dass er doch der Beste sei. Doch der Geparden Junge blieb dabei: "Nein, das war ich mal, jetzt ist das anders." Da hatte das Antilopenjunge

die Nase voll. Es sprach: "Höre auf, so zu reden. Du denkst ja genauso dunkel, wie der Schatten, in dem du liegst! Spüre einmal in die Dunkelheit und dann spüre deine schlechten Gedanken."
Das tat der Geparden Junge und stellte fest, dass es sich wirklich um ihn und in ihm ganz düster anfühlte. Und gleichzeitig stellte noch etwas fest. Das Düstere machte ihn ganz schwach.

Er fragte seinen Freund: "Aber was kann ich dagegen tun?"
Das Antilopenjunge antwortete voller Zuversicht: "Trete als erstes aus dem Schatten heraus ins Sonnenlicht. Dann spüre, wie die Sonne dich durchflutet und wärmt, und wie sich das Licht in deinem Körper ausbreitet, bis es jede Zelle erreicht hat. Dann fühle die Wirkung des Lichtes. Im Licht ist alles fröhlich, gut, voller Hoffnung und Vertrauen zu Allem. Aber das ist erst das Licht im Außen. Jetzt erinnere dich an dein Licht, mit dem du auf die Welt gekommen bist. Wie stark und hell es früher in dir schien. So stark, dass Alle um dich herum es spüren konnten. Schließe die Augen und spüre tief in dich hinein, bis du dein Licht in dir wiedergefunden hast. Dann habe zusätzlich gute Gedanken über dich selbst: ich schaffe den Lauf, ich bin schnell, ich bin gut."

Dies nahm sich der Geparden Junge zu Herzen. Und wirklich: Nachdem er tief in sich hineingespürt und sich mit seinem Licht verbunden hatte, war es, als ob ein schwerer, dunkler Vorhang sich beiseite schieben würde. Er fühlte sich leichter, freier und kraftvoller. Dies genoss er zu tiefst, bis ihm einfiel, was heute für ein Tag war und warum er hier war. Der Geparden Junge schoss los und rief seinem Freund zu: "Krieg' mich doch!"

Punkt 11 Uhr ertönte der Startschuss. Alle gaben ihr Bestes. Wer sich in der Nähe des Geparden Jungen aufhielt, hörte sein Gemurmel: Ich schaffe es, ich schaffe es.....
Ja, und wer stürmte wenig später ins Ziel? Der strahlendste Geparden Junge der Welt.
Und so ist die Weisheit der Geschicht':
Nur gute Gedanken bringen dir Licht.

Hinweise für Erwachsene:

Es ist so bedeutend, aber den Menschen oft nicht bewusst. Es geht um die Kraft, die Energie, die hinter Gedanken und letztendlich auch hinter Worten steckt. In der Kinesiologie ist es mir das erste Mal begegnet, da ging es um Muskeltests. Schaut man auf einen traurigen Smiley und verbindet sich mit traurigen Gedanken, reagieren die Testmuskel mit Schwäche.

Schaut man auf einen fröhlichen Smiley und verbindet sich mit fröhlichen Gedanken, reagieren die Testmuskeln mit Stärke.

Die Menschen sind so unbewusst, in dem, was sie äußern, wie sie sich äußern und merken nicht, wie sie sich selbst und andere mit ihren Worten schwächen. Viele Menschen sprechen so oft negative Worte aus, vor allem in der "ich bin"-Form. "Ich bin" ist eine Möglichkeit, Energien im Körper zu manifestieren. Es gibt im Körper einen Punkt, den Solar-Plexus, in dem die "ich bin" Energie entspringt, dort sitzt energetisch unser Ich. Unser eigentliches Ich ist jedoch verbunden mit allem Guten. Das ist unser wahres Ich, mit dem wir uns eigentlich identifizieren sollten. Dem Guten in uns. Durch Äußerungen wie: Ich bin traurig, ich bin wütend, ich bin einsam und so weiter...manifestieren wir negative Gefühle und Gedanken in unseren Körper.

Da es sich ja immer um Momentaufnahmen handelt, wäre es besser zu sagen: Ich fühle mich gerade traurig, wütend oder einsam. Denn dies entspricht dann dem jeweiligen Moment.
"Ich bin " sollte immer im Zusammenhang mit positiven Dingen benutzt werden, denn es dient der Heilung des Menschen.
„Ich bin fröhlich, ich bin glücklich.“

Dem steht natürlich im Weg, dass dies gar nicht so viele Menschen von sich behaupten können. Wichtig bleibt die Tatsache, dass jeder negative Gedanke und jedes negativ ausgesprochene Wort wie ein großer Stein ist, den wir uns selbst in den Weg rollen.

Warum lege ich meinen Focus überhaupt eher auf das Negative? Es gibt so viel Gutes in uns und um uns herum. Schicken wir lieber in diese Dinge unsere Energie und verstärken sie dadurch.

Übung: Erwachsene:

Schließe am Abend deine Augen, denke an den Tag und frage dich:

Was habe ich heute Positives gesagt oder um mich herum wahrgenommen?

Habe ich zu anderen Menschen oder zu meinen Familienmitgliedern heute etwas Positives gesagt?

Bevor du aufstehst, horche kurz in dich hinein:

Wem möchtest du heute etwas Positives sagen und ihm damit ein Lächeln in das Gesicht zaubern?

Was könnte ich mir selbst Positives sagen und den Tag damit ganz anders verlaufen lassen?

Das Einhorn und die große Liebe

Es gab einmal vor langer, langer Zeit einen ganz besonderen Wald. Man nannte ihn den Wald der Kräfte. Dort lebten die Kraft der Luft, die Kraft der Erde, die Kraft des Wassers, die Kraft des Feuers und die Kraft des Himmels. Den verschiedenen Kräften waren auch verschiedene Tiere zugeordnet.

Eigentlich fand man in diesem Wald alle Tiere und Wesen, die zu einem Wald gehören, wie Vögel, Insekten, Rehe, Bären und viele mehr. Doch in diesem Wald gab es zudem noch ganz besondere Tiere. So gehörten zur Kraft des Feuers die Drachen und zur Kraft des Himmels die Einhörner.

Der Wald war weit über seine Grenzen bekannt und wurde von den Menschen geachtet und verehrt. Einmal im Jahr gab es eine Waldkonferenz, in der alle Tiere des besonderen Waldes zusammenkamen und sich austauschten. Genau auf so einer Konferenz war es geschehen, dass sich vor langer Zeit ein Bär und ein Einhorn unsterblich ineinander verliebt hatten.

Der Bär war beim Anblick des schönen Einhorns mit seiner reinen Ausstrahlung dahingeschmolzen, aber auch dem Einhorn ging es nicht anders, als es den muskulösen Bären gesehen hatte, der wunderschöne blaue Augen besaß.

Das Einhorn war seinem Lebensbereich entsprechend im Einklang mit den himmlischen Kräften. Es war sehr mitfühlend, liebevoll, voller Vertrauen zum Leben und besaß sogar Heilkräfte, mit denen es von Herzen gerne anderen Lebewesen zur Verfügung stand und ihnen zu Heilzwecken diente. Es war bekannt dafür, dunkle Energien in lichtvolle wandeln zu können und so jedem Lebewesen wieder ein Leuchten in die Augen zu zaubern.

Der Bär - ganz tief mit den Kräften der Erde verbunden - war dagegen bekannt für seine große innere Ruhe, seinen klaren Kopf und seine Ehrlichkeit. Der Bär besaß eine starke innere Führung, die ihn sehr selbständig sein ließ und durch die er sein Leben wunderbar meisterte. Er war für viele Lebewesen des Waldes ein wichtiger Ratgeber.

Die beiden waren unzertrennlich und schworen sich immerzu ewige Liebe. Doch eines Tages traf das Einhorn eine schreckliche Nachricht. Der Bär - ihre große Liebe - hatte in der Nacht den besonderen Wald verlassen. Er hatte den anderen Bären nur gesagt, dass ein starker innerer Drang in ihm wäre, den Wald verlassen zu wollen. Er müsste diesem Drang folgen und herausfinden, was es in der Welt noch so zu entdecken gäbe.

Für das Einhorn brach eine Welt zusammen. Was sollte sie ohne ihre große Liebe tun? Wochen des Schmerzes folgten, der Sehnsucht, des Hoffens, bis das Einhorn sich entschloss, seine große Liebe in die Freiheit zu entlassen.
So vergingen viele Jahre. Das Einhorn hatte mittlerweile eine eigene Familie gegründet und zwei zauberhafte Einhorn Fohlen geboren. Da es im Wald dem Winter zuging, stand auch wieder eine Waldkonferenz an. Diesmal war dem Einhorn jedoch so, als wenn ein großes Tuscheln im Wald herrschte.

Immer hatten zwei Tiere die Köpfe zusammen, wenn es irgendwo entlang kam. Das von Natur aus sehr neugierige Einhorn wollte unbedingt herausfinden, über was denn da getuschelt wurde und schlich sich unbemerkt an zwei Vögel heran. Die wussten immer besonders gut Bescheid.

Und was mussten die Einhorn Ohren da hören? Man erzählte sich, dass der vor Jahren verschwundene Bär zurückkehren würde, genau zur anstehenden Waldkonferenz. Jetzt verstand das Einhorn die Aufregung aller Tiere, denn sie erhofften sich vom Bären natürlich die spannendsten Geschichten von seinem Abenteuer außerhalb ihres Waldes. Ja, Aufregung spürte das Einhorn auch sofort, doch da war auch etwas anderes. Ein zaghafter Ruf ihres Herzens nach ihrer großen Liebe.

Darüber war das Einhorn in diesem Augenblick sehr erschrocken, hatte es doch die große Liebe vor Jahren aus dem Herzen entlassen. Außerdem hatte es doch eine Familie. Der Tag rückte näher und näher. Und mit jedem Tag wurde auch die Stimme, der Ruf in dem Einhorn Herzen immer lauter.

Dann war der Tag der Konferenz gekommen. Alle Tiere des Waldes machten sich auf den Weg zum Treffpunkt. Aufgeregt schaute sich das Einhorn um. Wieder und wieder - doch sie konnte den Bären nicht entdecken! Da wurde das Einhorn ganz traurig, denn wenn es ehrlich zu sich selbst war, hatte es sich in den letzten Tagen auf nichts mehr gefreut, als dem Bären wieder zu begegnen. So ganz freundschaftlich natürlich.

Da strich dem Einhorn plötzlich jemand sanft über die Mähne und als es sich umschaute, sah es direkt in die wunderschönen blauen Augen von früher. Aus dem Bärenjungen war natürlich ein stattlicher Bärenmann geworden, noch dazu ein sehr gut aussehender, wie das Einhorn fand. Oh Gott, das Einhornherz platzte fast vor Herzklopfen.

Dem Bären ging es nicht anders. Auch er hatte sich im Geiste schon sehr auf dieses Wiedersehen gefreut, und als er jetzt vor dem Einhorn stand, verschlug es ihm wie damals die Sprache. Sein Herz sprang ihm ebenfalls fast aus der starken Bärenbrust und er brachte keinen Ton heraus. Als sich beide wieder etwas gesammelt hatten, sprudelte es nur so aus ihnen heraus, was sie denn alles erlebt hatten. Sie erzählten und erzählten und merkten gar nicht, dass sie sich immer weiter von der Konferenz entfernt hatten. Aber das war ihnen egal. Von Minute zu Minute wurden sie sich vertrauter. Alles fing an sich wie früher anzufühlen. Doch das Einhorn wurde unruhig. So schön sich auch alles anfühlte, es durfte nicht vergessen, es hatte ja eine Familie. Aber das Herz hörte nicht auf, zu dem Einhorn zu sprechen. Das Herz versuchte dem Einhorn immer wieder deutlich zu machen, wie groß die Liebe noch war. Gleichzeitig war dem Einhorn mit dem reinen Herzen auch klar, wie weh es der eigenen Familie tun würde, wenn es sich entscheiden würde, der Stimme des Herzens zu folgen. Und doch gab das Einhornherz keine Ruhe.

Da geschah etwas Außergewöhnliches. Es fielen weiße Federn vom Himmel. Kleine, weiche, zarte Federn. Wenn man sie berührte, hatte man das Gefühl, der Himmel persönlich berühre einen. In diesem Moment wurde sich das Einhorn der Kraft, der es zugeteilt war, wieder bewusst. Es war ein Wesen des Himmels. Über die große Verzweiflung des Einhorns legte sich ein "himmlischer Frieden". Es spürte, es war nicht allein. Es war, als würde jemand es begleiten, ganz nah bei ihm sein und ihm Kraft geben. Da schloss es die Augen, atmete tief ein und aus und machte nichts weiter, als sich mit dieser himmlischen Kraft zu verbinden.

Über diese Verbindung kam die innere Ruhe zurück und die Erkenntnis, dass - wenn man vertraut - das Leben immer gut und göttlich für einen verläuft. Aber die wichtigste himmlische Botschaft war wohl, dass es im Leben nur einen Weg gibt, nämlich den des Herzens. Und so lebten das Einhorn und der Bär glücklich bis an ihr Lebensende.

Und die Weisheit der Geschicht: Vertraue der himmlischen Macht, welche über dich wacht, vertraue dem Licht, welches über dein Herz zu dir spricht!

Hinweise für Erwachsene:

Auf die Stimme des eigenen Herzens zu hören, ist nicht immer leicht. Es würde für manche Momente im Leben bedeuten, dass wir:

- bekannte Wege verlassen müssten
- mutig sein müssten
- den Weg des Ungewissen gehen müssten
- Abschiede erleben würden
- ehrlich mit uns und anderen sein müssten
- nicht mehr die gesellschaftliche Norm erfüllen würden
- Risiken eingehen würden
- keinen vorgegebenen Plan mehr hätten

Aus diesen Gründen nehmen wir oft die einfachere Variante und hören nicht auf unser Herz. Doch damit trennen wir uns bewusst von dem für uns vorgesehenen Glück. Das Leben hat ein großes Ziel; nämlich dass wir glücklich sind. Das Herz weiß immer ganz genau, was für uns der richtige Weg ist. Doch dann meldet sich der Verstand und schon sind Engelchen und Teufelchen am Werk.

Und leider schenken wir viel zu oft den falschen Energien Aufmerksamkeit und die Kraft, über uns zu herrschen. Dabei gibt es nur einen Weg, dem wir vertrauen sollten, dem des Herzens.

Aber mit dem Vertrauen ist das so eine Sache.

Wir Menschen sind so sehr das Machen gewöhnt, dass wir völlig vergessen haben, dass wir eigentlich ein "geführtes" Leben führen. Der Begriff: ‚Sein Leben führen' beinhaltet ja auch schon das Wort Führung. Im Grunde brauchen wir uns gar nicht so anzustrengen. Ein Kind an der Hand seiner Eltern ist auch ganz entspannt, denn es wird geführt. Es überlässt die Führung dem erfahrenen Erwachsenen, der auf das Kind aufpasst.

Sich führen zu lassen spart Nerven, Energie, Anstrengung und körperlichen Stress. Das Kind ist entspannt. Nicht nur, weil der Erwachsene auf es aufpasst, sondern weil das Kind auch dem Erwachsenen vertraut. Der Glaube an eine höhere Macht, dass es noch mehr gibt zwischen Himmel und Erde außer Luft, würde den Menschen schon helfen, entspannter mit Situationen umgehen zu können.

Der Glaube kann wie ein guter Freund sein, der uns in schwierigen Situationen die Hand auf die Schulter legt und uns gut zuspricht. Doch viele Menschen haben in der heutigen Zeit den Glauben an eine höhere Macht verloren. Sie verlassen sich zum größten Teil nur auf sich selbst und ihr "Machen". Es gibt so viele kleine Botschaften, Zeichen, "Zufälle", die uns zeigen sollen, dass wir nicht alleine sind. Wenn wir sie doch nur wahrnehmen würden in unserem Alltagsstress.
Wir überrennen sie, weil wir sowieso meinen, wir müssten uns um alles alleine bemühen. Dabei ist das Gefühl von Vertrauen ein so schönes. Im Vertrauen liegen die Zuversicht, die Hoffnung, der Friede und viele andere schöne Lebensbegleiter. Dieses kindliche Urvertrauen, welches uns Kinder oft zeigen, fehlt vielen Erwachsenen.

Natürlich haben Sie oft Dinge in ihrem Leben erlebt, welche Ihnen das Urvertrauen genommen haben und diese bleiben dann in den schmerzlichen Gefühlen hängen.

Aber was ich verliere, kann ich auch wieder zurückgewinnen, und mich in etwas wieder üben. Das ist sogar oft der tiefere Sinn des Lebens, denn wenn wir einmal die negative Seite der Medaille kennengelernt haben, wissen wir beim Wiederfinden der positiven Seite, diese auch erst wirklich zu schätzen. Und mit einem wiedergefundenen Schatz geht man häufiger viel sorgsamer um. Nur wenn wir vertrauen, können wir Situationen annehmen, können gelassener mit ihnen umgehen oder sie sogar loslassen.

Übung für Erwachsene:

Schließe die Augen und spüre in dich hinein:
Atme zwei, dreimal tief in Dein Herz und verbinde dich mit ihm.

Was nimmst Du wahr?
Was möchte dir dein Herz mitteilen?

Frage dich weiter:

Vertraue ich dem Leben?
Vertraue ich einer höheren Führung?
Habe ich einen Glauben an etwas?

Ich stelle mir einfach ein Bild vor, in dem mich jemand oder etwas, dem ich vertraue, an die Hand nimmt.
Ich spüre in dieses Bild, atme tief ein und aus, entspanne und überlasse mich der Führung. Ich vertraue.

Übung Kind :

Ich stelle mich auf einen Hocker oder Stuhl und springe in den Arm einer vertrauten Person!

Der Bär, der große Meister (eine Fabel für die Älteren)

Es lebte einmal ein Bär im Wald der besonderen Kräfte. Dort lebten die Kraft der Luft, die Kraft der Erde, die Kraft des Wassers, die Kraft des Feuers und die Kraft des Himmels. Der Bär - ganz tief mit den Kräften der Erde verbunden - war bekannt für seine große innere Ruhe, seinen klaren Kopf, und seine Ehrlichkeit.

Er besaß eine starke innere Führung, die ihn sehr selbständig sein ließ, und er meisterte sein Leben wunderbar.

Der Bär führte ein glückliches Leben; er lebte mit seiner großen Liebe zusammen - einem Einhorn. Gemeinsam mit ihren Kindern wohnten sie in einem wunderschönen Waldhaus. Doch wie jeder weiß, gibt es in Beziehungen (zwei Lebewesen sind fest davon überzeugt den Lebensweg auf Erden gemeinsam gehen zu wollen) nicht nur Sonnenschein.

Die starke innere Führung des Bären und die große Selbständigkeit seines Handelns führten des Öfteren zu Auseinandersetzungen zwischen dem Bären und dem Einhorn. So hatte das Einhorn oft Lust auf harmonisches Beisammensein mit der ganzen Familie wie Spieleabende, Ausflüge zum

Waldsee, Sonnenuntergänge genießen, oder Waldspaziergänge. Aber dem Bären stand der Sinn nach ganz anderen Dingen. Er hatte viel mehr Spaß, an seinem schönen Waldhaus weiter zu bauen, oder dieses zu planen und sich nach getaner Arbeit in seinem unglaublich kuscheligen Blätterbett auszuruhen.
Das Einhorn - immer das seelische Wohlbefinden aller Familienmitglieder im Sinn - stieß somit wieder und wieder auf ein Denken und Handeln des Bären, das eher auf sich selbst ausgerichtet war. Und im Grunde gehören ja Fühlen, Denken und Handeln zusammen.

Aber in manchen Momenten war das mit dem Fühlen bei dem Bären so eine Sache. Wie oft hatte das Einhorn den Eindruck, dass der Bär nicht wirklich mit seinem Herzen anwesend sei. Dies machte dem Einhorn sehr zu schaffen. Oft ging es traurig ins Bett, fühlte sich vom Bären und dem Leben in Stich gelassen und weinte sich in den Schlaf. Es versuchte immer wieder, dem Bären seine Gefühle mitzuteilen, doch stieß dabei auf gewisses Unverständnis, denn im Leben des Bären fühlte sich alles gut an.

Außerdem hielt dieser sich doch nur an alte Bärenweisheiten. Die lauteten zum Beispiel:
"Erinnere dich an deine besonderen Stärken in dir."
"Verlasse dich auf deinen inneren Bären, der für dich da ist, und dir immer Rat gibt."

"Horche in dich hinein, und du wirst deine Ziele erkennen und erreichen."
"Gönne deinem inneren Bären dafür immer wieder Ruhepausen, um dich nicht zu verausgaben."

Außerdem hatte ihm die heilige, weise Eule des Waldes einmal aus seiner Tatze gelesen und ihm mitgeteilt, dass er die Kräfte der Zahl Eins in sich tragen würde. Und die würde für folgende Dinge stehen:

Selbstbewusstsein und Individualität sind stark angelegt. Die Eins weiß, was sie will und sucht nach Erfahrungen, um ihre Identität zu entdecken und eigene Freiheiten auszuloten. Sie ist ursprünglich, ungeschliffen schöpferisch, zuweilen roh und ungehobelt. Sie will die Dinge alleine tun, alleine entscheiden, aus sich selbst heraus.

Dies könne nach außen oft egoistisch wirken. Am besten lasse man die Eins einfach machen und vertraut ihr. Also, was wollte das Einhorn nur ständig von ihm? Er folgte doch nur seinem Inneren. Deshalb gab der Bär dem Einhorn auch oft zu verstehen, dass er für das gefühlte Unglück nicht zuständig sei.
Das Einhorn, immer suchend nach dem tieferen Sinn der Dinge, nahm sich diese Aussagen sehr zu Herzen und richtete sich eines Abends hilfesuchend an den Himmel. Da erhielt es eines Nachts in einem Traum folgende Botschaft:

„Liebes Einhorn, alle Lebewesen sind im Ursprung Brüder und Schwestern und auf der Seelenebene miteinander verbunden. Jedes Leben dient der Weiterentwicklung einer Sache, nämlich der Weiterentwicklung der Seele. Diese möchte sich ausdehnen, Erfahrungen sammeln, beide Seiten einer Medaille kennenlernen, wie Macht und Ohnmacht, Vertrauen und Misstrauen, Stärke und Schwäche. Dazu gehört auch, verlorene Seelenanteile wieder zurückzufinden und in die Liebe zurück zu kehren. Vor allem zu den Seelen, die nicht nur nett zu uns sind, ebenso aber auch zur Mutter Erde und zu Dir selbst.

Doch um Erfahrungen zu machen, brauchen die lernwilligen Seelen auch Seelen, die dies mit ihr leben. Und so sind Lebewesen an unserer Seite, die Verletzliches mit uns durchspielen. Sie tun dies aus tiefen Verabredungen heraus und weil sie uns und unserer Weiterentwicklung dienen. Es sind die wahren Meister in unserem Leben. Und es sind die Seelen, die uns am meisten lieben."
Als das Einhorn morgens aufwachte, fühlte es tiefen Frieden in sich. In sich und zu dem Bären. Es fühlte sich in einer Sache bestätigt, nämlich dass alles, aber auch alles, was auf Erden passiert, einem höheren Plan unterliegt.
Wem man begegnet, wann und auch was man mit ihm erlebt. Fortan versuchte das Einhorn alle Situationen in einem anderen Licht zu betrachten und sich immer, wenn es sich mit dem Bären verletzlich anfühlte, zu fragen:
Und was ist jetzt wieder meine Lernlektion?
Welchen alten Schmerz trifft der Bär in mir?

Um welche Erfahrung dreht es sich jetzt hier gerade?

Welche Erwartung habe ich an den anderen und sein Verhalten, was davon ist eigentlich mein eigenes Thema?

Und so erkannte das Einhorn den großen Meister an seiner Seite, der durch die Beständigkeit in seinem Handeln ihm die Möglichkeit gab, die eigene Seele weiterzuentwickeln. Denn das ist das größte Geschenk in einer Beziehung: Sich gegenseitig auf dem Weg der Weiterentwicklung zu unterstützen.
Fortan führte der Bär ein sehr kraftvolles, aber auch entspanntes Bärenleben an der Seite eines glücklichen, erwartungsfreien Einhorns.

Und die Weisheit der Geschicht:

Erkenne in jeder anderen Seele ihr Licht.

Die unerschütterliche, weise Sonnenblume

An einem wunderschönen lichtvollen Sonnentag fiel ein Samenkorn direkt aus dem Himmel auf die Erde hinab. Durch den Aufprall wurde das Samenkorn aus einem Zustand tiefer innerer Stille geweckt. Die Erde war ganz weich und roch einfach herrlich. Hier fühlte es sich zum Bleiben sehr gut an.

An manchen Tagen wurde das Samenkorn durch die Sonne gewärmt, an anderen Tagen vom Regen erfrischt. Dann geschah Erstaunliches: Das Samenkorn spürte in sich eine Kraft, eine starke Kraft. Und eine Veränderung, die mit ihm geschah. Ein paar Tage später wurde diese Kraft in ihm so groß, dass die Hülle des Samenkornes nicht mehr standhielt, um diese innewohnende Kraft im Inneren zu behalten.
Das Samenkorn sprang auf und ein kleines zartgrünes Blättchen zeigte vorsichtig sein Köpfchen. Und mit diesem ersten zarten Versuch, sich der Welt zu zeigen, kam in dem Samenkorn auch die Erinnerung zurück, wer es war: nämlich eine BLUME. Ja, es spürte ganz tief in sich den eigenen Plan vom Leben. Wie wunderbar!

Die Blume brauchte jeden Tag nichts anderes zu tun, als den Plan in sich geschehen zu lassen, sich ihm ganz hingeben. Und so sang die Blume jeden Tag fröhlich vor sich hin: "Ich werde eine Blume, ich werde eine Blume..." Auch in dieser Zeit des Wachsens wurde sie an manchen Tagen von der Sonne gewärmt und an anderen vom Regen erfrischt. Unter diesen Bedingungen ließ es sich herrlich wachsen.

Da kam der Tag der Vollendung. Als die Blume so an sich herunterschaute, stellte sie fest: Aus dem Samenkorn war eine prächtige Sonnenblume geworden. Sie kam aus dem Staunen nicht heraus. Und in dem Moment größter Freude entdeckte sie noch etwas Wunderbares. Sie war umgeben von ganz vielen wunderschönen Blumen aller Art, denn sie stand inmitten einer riesigen Blumenwiese.

Jedes Mal, wenn wieder eine Blume herangewachsen war, freuten sich die anderen Blumen und bejubelten den Neuankömmling. Alle Blumen waren eine große Familie. Die Sonnenblume nahm jedoch einen besonderen Platz unter allen Blumen ein, denn ihr Gelb war nicht nur besonders strahlend, sondern sie war auch sehr weise. Wann immer eine Frage zum Leben auftauchte, die Sonnenblume wusste Antwort.
Aber nach dem alten Prinzip: Wo Licht ist, ist auch Schatten, gab es auch hier eine Sache, die den Blumen Sorge bereitete. Die Wiese lag direkt neben einem Acker und auf dem Acker fuhr immer ein großes Fahrzeug mit einem Anhänger

herum, aus dem eine dunkle, nicht gut riechende Flüssigkeit kam. Und dieses Fahrzeug kam ihnen oft gefährlich nah.

Für den Bauern war es wieder an der Zeit, seinen Acker zu düngen und so fuhr er mit seinem Güllewagen hinaus auf seinen Acker. Doch, oh Schreck, dieses Mal trat das Befürchtete ein, die Gülle landete nicht nur auf dem Acker, sondern auch auf der benachbarten Blumenwiese.

Alle Blumen schrien entsetzt auf...und es wurde ganz still auf der so einst fröhlichen Blumenwiese. Die Sonnenblume fand als erstes ihre Sprache wieder und tröstete die anderen damit, dass es bestimmt bald regnen würde und der Regen den Schmutz von den Blumen waschen würde. Dies machte den Blumen Hoffnung und man wagte wieder ein verlegenes Tuscheln untereinander. Alle schämten sich sehr aufgrund ihres Zustandes.

Doch der Regen ließ auf sich warten und mit den Blumen geschah eine Veränderung: Durch den Schmutz auf ihren bunten Blumenblättern fühlten sie sich nicht mehr hübsch und in ihrer Schönheit gesehen. Menschen wendeten sich von ihnen ab und bestaunten lieber andere Blumen. Sie wurden sehr traurig und vergaßen alle guten Gefühle, die wie selbstverständlich zu ihnen gehört hatten. Sie schienen vergessen zu haben, wie sie einmal strahlten und wer sie denn waren.

Die Köpfe neigten sich zu Boden, die Blätter fingen an zu hängen, ihre große Lebensfreude schwand mehr und mehr dahin. Nur eine Blume stand trotz Beschmutzung kerzengerade auf der Wiese und man vernahm ihre Fröhlichkeit wie eh und jeh.

Es war die Sonnenblume.

Beim Anblick ihrer Freunde sprach sie: „Was ist los mit euch? Warum lasst ihr eure Köpfe und Blätter hängen? Habt ihr denn vergessen, wer ihr wirklich seid? Nur weil euch eine Schicht Schmutz bedeckt, müsst ihr euch doch nicht wie Schmutz fühlen! Wo ist eure Gabe, egal was euch passiert, nie zu vergessen, wer ihr seid? Wo ist euer Mut, egal wie die Umstände sind, wieder zu werden, wer ihr sein möchtet?“

Alle Blumen hörten andächtig zu und sie fühlten, wie diese weisen Worte sie berührten. Ja, wie recht die Sonnenblume hatte. Nur weil ein wenig Schmutz auf ihnen lag, mussten sie doch nicht gleich ihre Köpfe und Blätter hängen lassen und sich so von ihrem ursprünglichen Plan des Lebens abbringen lassen.
Alle Blumen fingen an sich zu recken und zu strecken. Wie nach einem langen Winterschlaf. Und alleine durch das Wiederaufrichten bröckelte hier und da der Schmutz schon von ihnen ab. Der langersehnte Regen ließ auch nicht mehr

länger auf sich warten. Schon am nächsten Tag wusch er die letzten Reste des Schmutzes von den Blumen.

Und so ist die Weisheit der Geschicht: Bewahre dir immer dein ursprüngliches Gesicht!

Hinweis für Erwachsene:

So, wie es in der Geschichte auch beschrieben wird, so ist es im wahren Leben auch.

Wir sind bei unserer Geburt ein Samenkorn. Wir werden zwar nicht in die Erde gepflanzt, aber auf die Erde geschickt. Und der Sinn ist der gleiche, wir sollen unseren Plan vom Leben leben.

Und so, wie es der Plan im Sonnenblumensamen vorsieht, so sieht es auch das Leben für uns vor. Das Leben ist immer ausgerichtet auf den besten und schönsten Verlauf für uns. Doch auf dem Weg begegnet uns natürlich nicht nur Licht, sondern auch Dunkelheit. Mit der Dunkelheit sind Momente gemeint, in denen wir negativen Gefühlen oder Situationen ausgeliefert sind und diese Momente einen Stempel, eine Prägung hinterlassen.

Wir werden verletzt, abgelehnt, allein gelassen, verurteilt, nicht wert geschätzt, benutzt. Oh, die Möglichkeiten unter den Menschen, sich gegenseitig weh zu tun, sind groß. Doch alles sind nur Gefühle, die sich wie eine zweite Haut über uns legen.

Irgendwann beginnt der Mensch, sich mit dieser zweiten Haut zu identifizieren und meint irgendwann, er sei dies alles wirklich. Er vergisst, wer er einmal war, und wie schön das Leben sich angefühlt hat, bevor die erste dunkle Wolke kam.

Übung: Erwachsener und Kind

Schließe am Abend die Augen und gehe in Gedanken noch einmal den Tag durch.
Was hat Dir heute am meisten Spaß gemacht? Wobei hast Du Dich wohl gefühlt?

Warst Du ein Clown? Lustig albern und Quatsch machend?

Warst Du ein Ritter? Stark, mutig, abenteuerlustig, beschützend?

Warst Du eine Prinzessin? Hast Du etwas Tolles angezogen, auch ohne Grund?

Hast Du Dich im Spiegel hübsch gefunden?

Fühltest Du Dich anmutig und erhaben?

Warst Du ein Löwe? Laut brüllend, kraftvoll, mächtig, frei?

Fällt Dir selbst etwas ein, was Du heute warst?

Was möchtest Du Dir für den nächsten Tag vornehmen? Wie möchtest Du gerne sein?

Das, was Dir am besten gefallen hat, nimmst Du mit in Deine Träume, denn das ist ein Teil von Dir, der leben möchte.

Ich wurde am 26.07.1967 in Wilhelmshaven geboren. Mit fünf bekam ich meinen ersten Arztkoffer geschenkt und heilte meine Stofftiere. Meine Berufung stand fest: Anderen helfen.
Später lernte ich Masseurin, Physiotherapeutin und studierte Osteopathie. Über einen langen Weg der eigenen Aufarbeitung meines Lebens begegnete ich vielen großartigen Menschen und weiteren Heilmethoden.
Heute bin ich mit Leib und Seele Mutter und Hausfrau, gehe aber auch meiner Berufung als ganzheitliche Osteopathin nach und versuche den Menschen wieder ein Leuchten in ihre Augen zu zaubern.

Johanne Päper lebt in Bayern, macht zurzeit ihr Abitur und möchte dann Illustrationen - besonders mit dem Schwerpunkt Mode - und Mediendesign studieren. Sie zeichnet in ihrer Freizeit hauptsächlich Portraits und beschäftigt sich mit der korrekten anatomischen Darstellung von Menschen, fertigt aber auch Modezeichnungen und Kollagen. Die Tiermotive waren Neuland für sie und eine interessante Herausforderung.

Im Einklang-Verlag ebenfalls erschienen:

Die Worterfinderinnen. Die nackte Wahrheit im pinken Bademantel (Hrsg.) Theresia Maria de Jong

Worterfinderinnen

Texte direkt aus dem Herzen geschrieben – dynamisch, einfühlsam, explosiv und emotional. Ilka Luiken, Friesa Mintken und Jeanne van Deest schreiben im Zwiegespräch mit dem Leben selbst – dem Wind, der Sonne, dem grünen Gras unter den Füßen und den flüsternden Blättern der Bäume. Aus dem Augenblick und immer wieder frisch geboren. Wild und unzensiert. Das, was eben so passiert, wenn die innere Kritikerin Urlaub macht.

Erhältlich im gut sortierten Buchhandel oder jederzeit zu bestellen.

ISBN: 978-3-9817092-0-9

Paperback 7,00 Euro

Rusty packt aus
Die Welt aus Katzenaugen
Fritz-Stefan Valtner

Rusty, eine liebevolle Katze vom Lande, genießt die Liebe ihrer Dienerschaft in vollen Zügen. Sie ist angepasst, geduldig, bescheiden, genießt die Kuschelrunden bei ihren Menschen – weiß aber, was sie will.

Ihre Neugier bringt sie oft in brenzlige Situationen.

Sie bleibt trotz aller Allüren die liebe Rusty, die mit einem Blick aus ihren treuen Augen jeden verzaubern konnte, obwohl sie nicht eine Schönheit vom Lande war. Aber sie hatte etwas, was sie von den anderen Katzen unterschied: Sie hatte einen wunderbaren Charakter.

Humorvolle Geschichten aus der Sicht einer schwarzen Bauernkatze.

ISBN: 978-3-9817092-2-3

Paperback 9,00 Euro

Seminarraum Einklang

Erleben Sie im Seminarraum Einklang Workshops, Seminare und Vorträge zu spannenden, inspirierenden und transformativen Themen.

Theresia de Jong bietet selbst viele Themen an, lädt aber auch immer wieder Referentinnen von auswärts ein, um das Programm stets mit neuen Höhepunkten zu gestalten.

Regelmäßige Angebote:

Seelengesang, heilsames Singen, kreatives Schreiben, meditatives Schreiben, biografisches Schreiben, Frauenheilkreis, schamanisches Trommeln und Reisen, Yoga, Englischer Gesprächskreis, Klangreisen (mit Heidi Blisse – Klangschalen und Theresia de Jong Soulsinging), Meditationen, Jahreskreis-Rituale.

Das aktuelle Programm finden Sie unter www.theresia-dejong.de

Die Journalistin, Autorin und Seminarleiterin Theresia Maria de Jong eröffnete den Seminarraum Einklang im März 2013 und erfüllte sich damit einen lang gehegten Herzenswunsch.

„Es erfüllt mich mit tiefer Freude, Menschen auf ihren Wegen zu begleiten und ihre Potenziale zu stärken.

Hier ist ein Raum entstanden, an dem Visionen erkannt werden, die das Leben bereichern und erstrahlen lassen."

Im Herbst 2014 gründete sie den Einklang Verlag. Die hier verlegten Bücher sind Visionen und kreative Funken, die sich erfüllen.